uno, dos tres… ¡Ya!

en CLAVE ELE

Texto: María de los Ángeles Palomino
Dirección editorial: Raquel Varela
Diseño de cubierta: DCVisual
Diseño de maqueta: Imvisual Design
Ilustraciones: Miguel Ángel Sáez
Maqueta: Imvisual Design
© enClave-ELE, 2011
ISBN: 978-84-96942-21-9
Impreso en España
Depósito legal: M-18.711-2011

Índice

Lección 0	El alfabeto	6
Lección 1	¡Hola! ¿Cómo te llamas?	8
Lección 2	Números	10
Lección 3	¿Dónde vives?	12
Lección 4	Mi colegio	14
Lección 5	Mis cosas	16
Lección 6	Los colores	18
Lección 7	Números	20
Lección 8	Los días de la semana	22
Lección 9	¿Qué día es hoy?	24
Lección 10	Mi familia	26
Lección 11	¿Cómo es?	28
Lección 12	El cuerpo	30
Lección 13	Mi mascota	32
Lección 14	¿Cómo es tu mascota?	34
Lección 15	Mi animal favorito	36
Lección 16	Mi casa	38
Lección 17	Mi habitación	40
Lección 18	¿Dónde están las pelotas?	42
Mi diccionario		44
Recortables		55

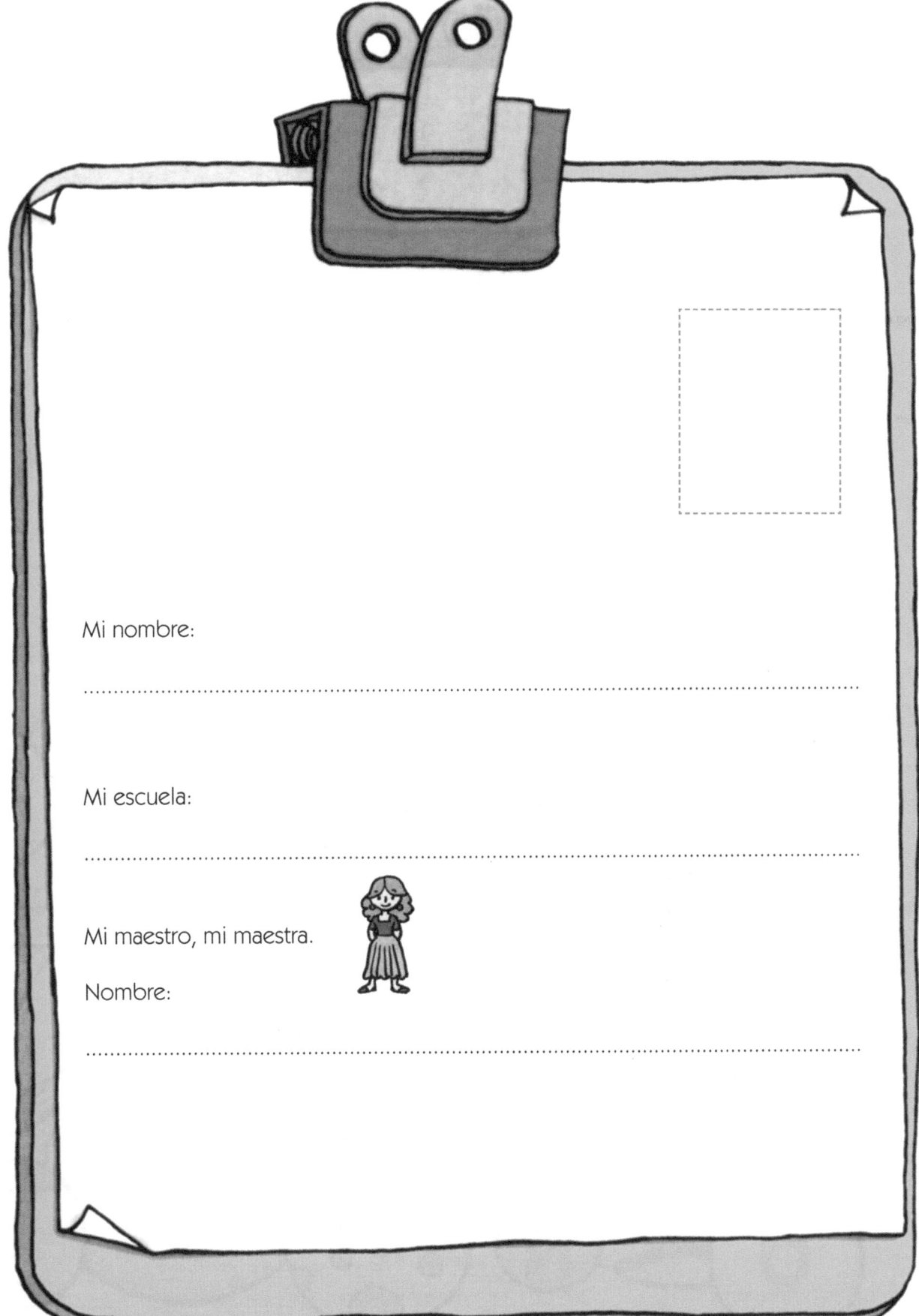

O El alfabeto

Completa el alfabeto.

1 ¡Hola! ¿Cómo te llamas?

1 Completa.

	a	b	c
1	Eva	Marcos	Nuria
2	Álex	Sara	Pablo

Me llamo **1/a** ....Eva........

Me llamo **1/c** ....

Me llamo **2/c** ....

Me llamo **1/b** ....

Me llamo **2/a** ....

Me llamo **2/b** ....

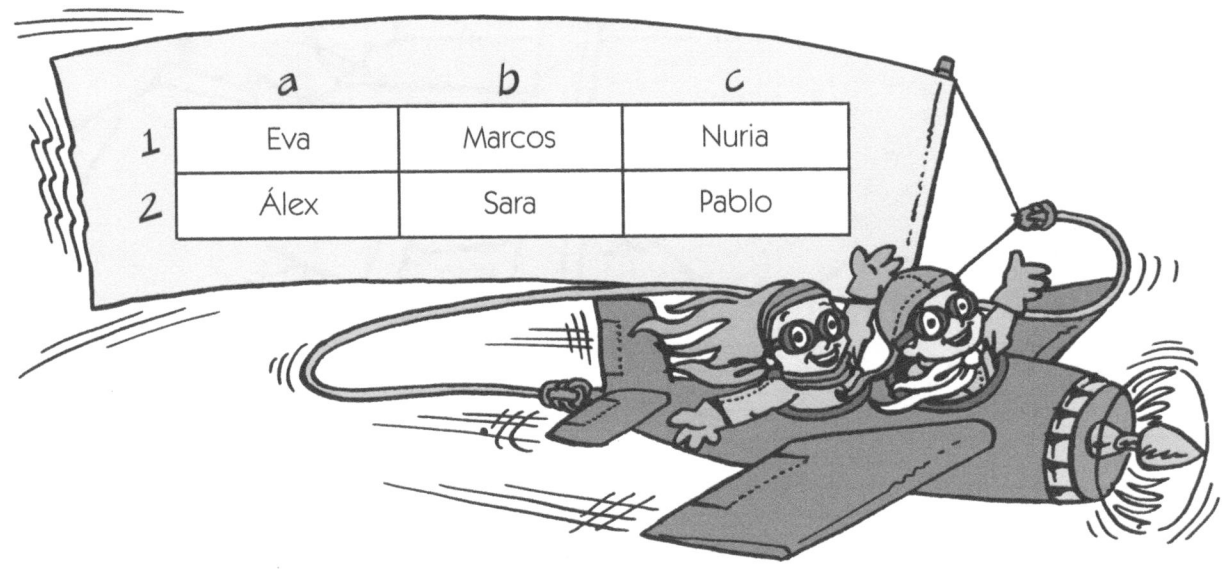

8
ocho

 **Escribe.**

¡Hola! ¿Cómo te llamas?

.... ¿...... ....?

....

¿............ ....?

Se llama Lili.

¡............! ....

2 Números

1 Rodea los números.

S	L	A	T	R	E	S
U	N	O	H	Z	Y	A
V	T	A	D	I	E	Z
Z	C	I	N	C	O	A
C	L	Y	H	S	Z	S
U	R	S	I	E	T	E
A	S	S	S	S	A	S
T	V	E	A	O	S	D
R	L	I	T	C	L	O
O	V	S	T	H	A	S
A	S	A	L	O	S	A
S	N	U	E	V	E	L

¿Cuántos años tienes?

2 Escribe los números con letras.

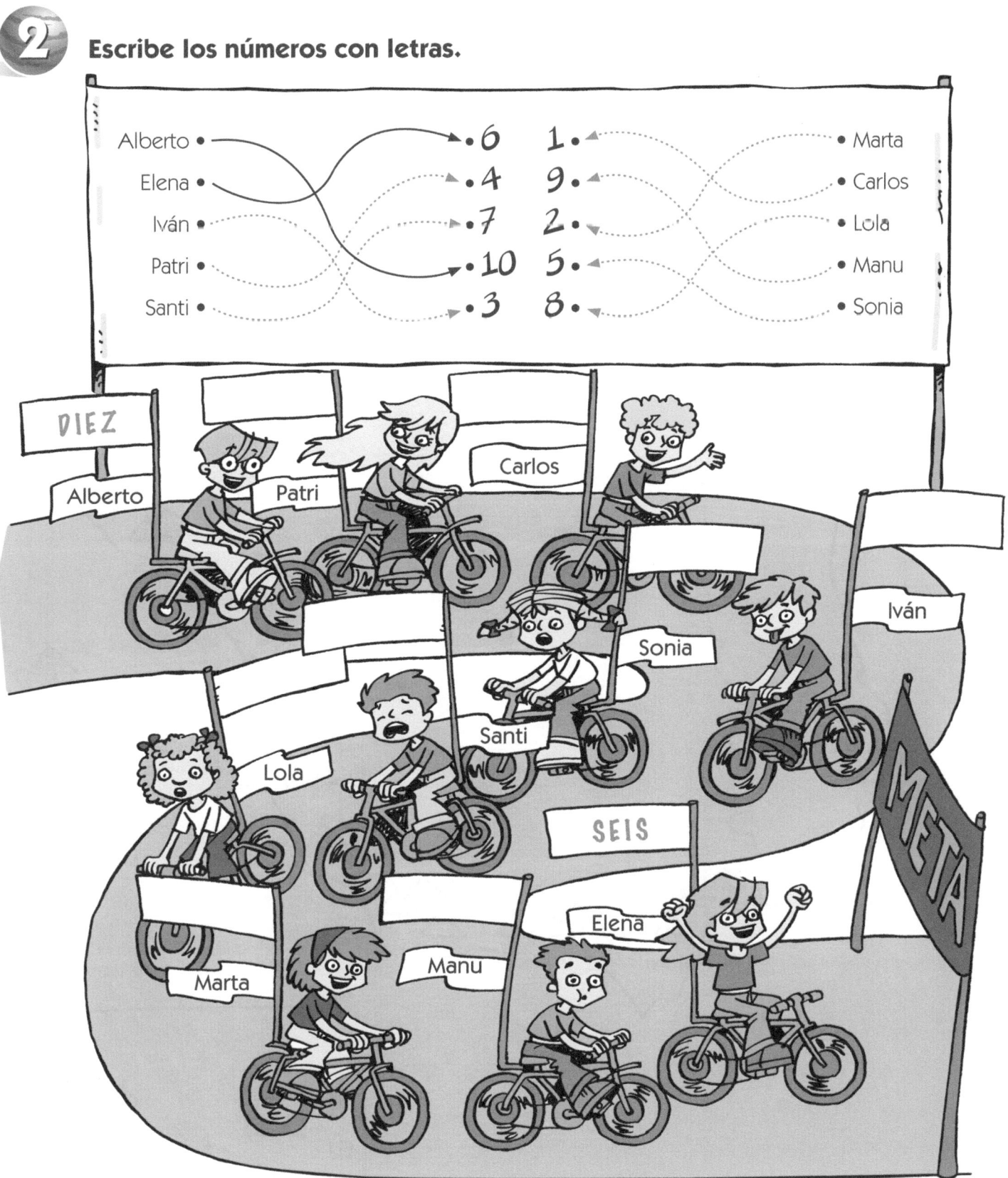

3 ¿Dónde vives?

1 Completa. Observa el número de letras.

✓ A SANTANDER   B CASTELLÓN   C LOGROÑO   D SAN SEBASTIÁN
E CÁDIZ   F MADRID   G VALLADOLID   H LUGO

 **Escribe.**

Me llamo Bea, tengo ocho años. Vivo en Santander.

4 Mi colegio

 **Une con una flecha. Dibuja.**

la pizarra •

la mesa •

la puerta •

la silla •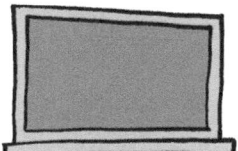

la ventana •

la papelera •

la maestra •

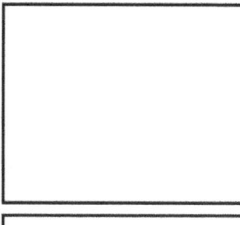

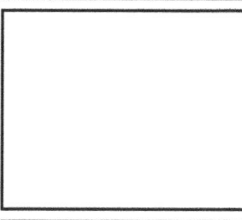
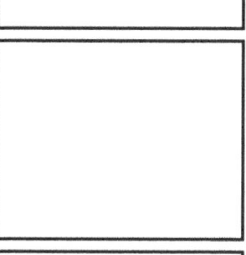

a Dibuja la clase.

la ventana · la pizarra · la puerta · la maestra · la papelera · la mesa · la silla

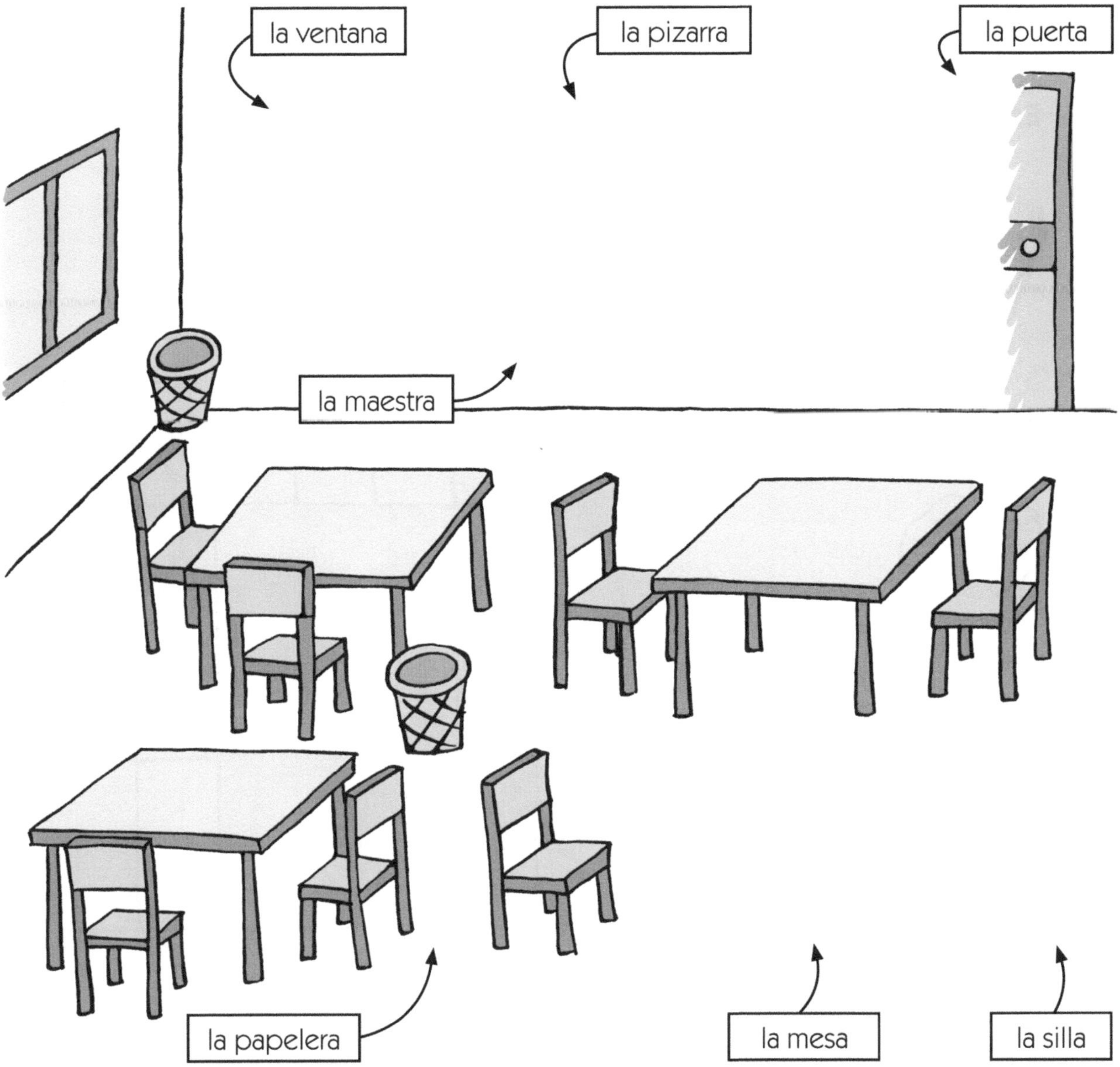

b Cuenta y completa.

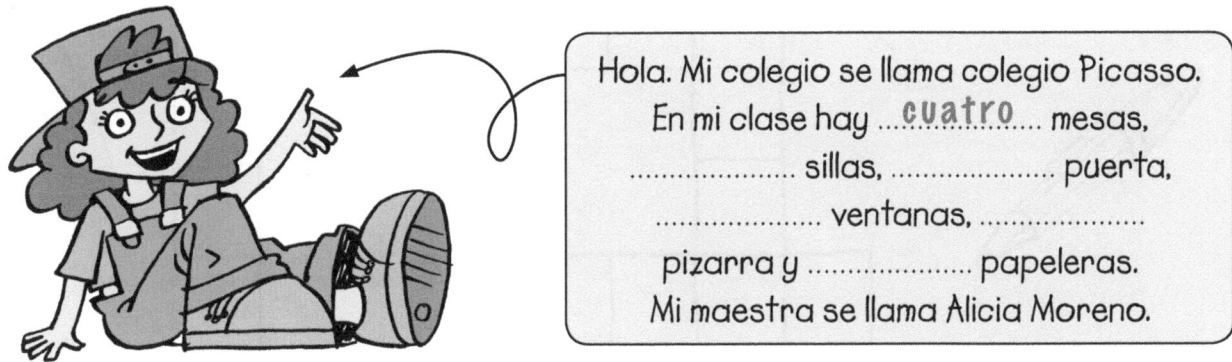

Hola. Mi colegio se llama colegio Picasso. En mi clase hay ...cuatro... mesas, ... sillas, ... puerta, ... ventanas, ... pizarra y .... papeleras. Mi maestra se llama Alicia Moreno.

5 Mis cosas

1 Escribe.

a Une con una flecha.

En mi mochila hay dos libros, un cuaderno, un boli y una goma.

En mi mochila hay dos reglas, un libro, un estuche y un sacapuntas.

En mi mochila hay un cuaderno, una goma, un libro y un estuche.

b Dibuja flechas.

el libro · la regla · la goma · la papelera · el estuche · el sacapuntas · el cuaderno · el boli · el lápiz · la mochila

6 Los colores

1 Colorea las pelotas.

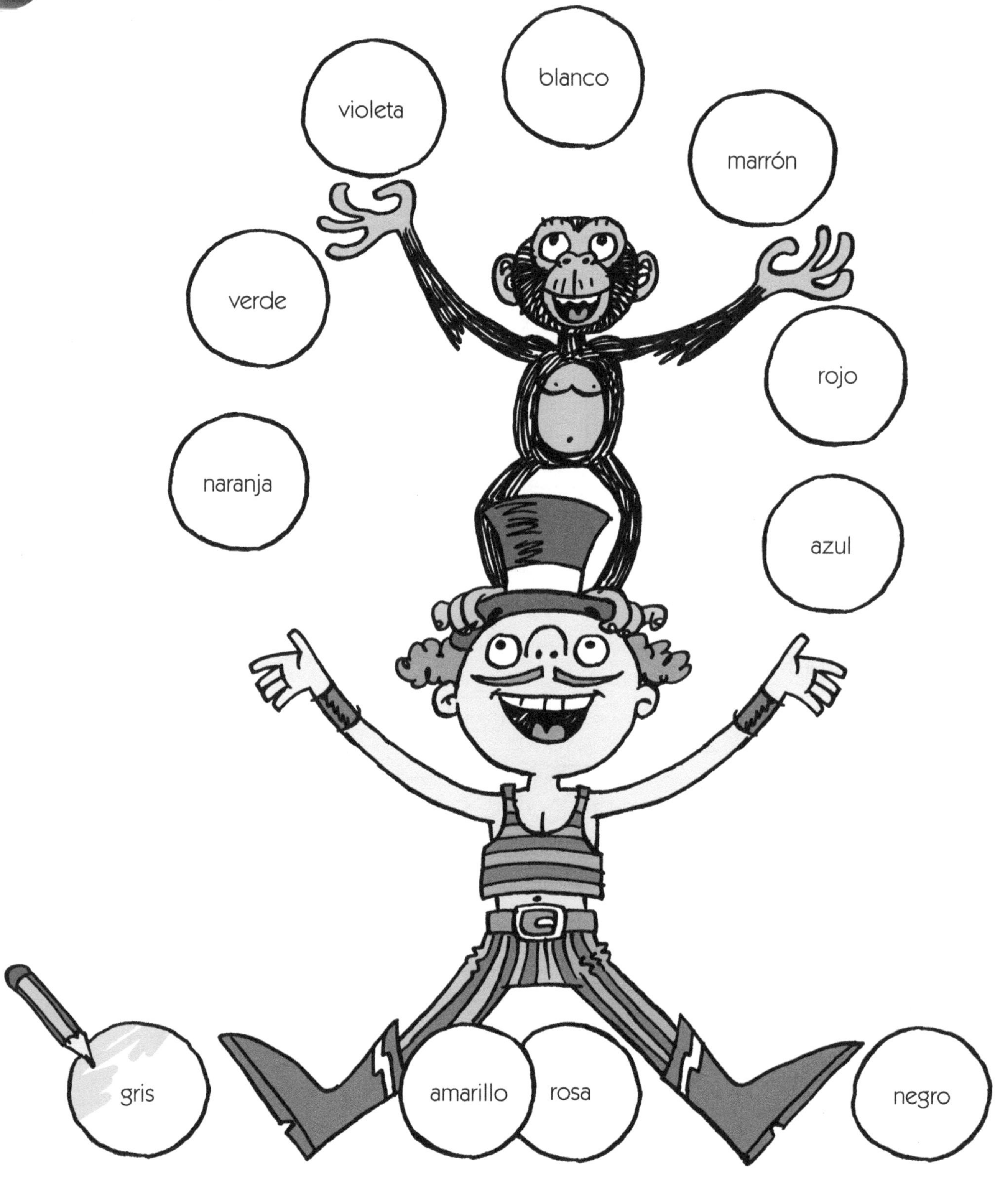

Colorea.

cinco = amarillo uno = blanco siete = rosa nueve = negro
dos = gris ocho = naranja cuatro = verde once = violeta
seis = rojo tres = azul diez = marrón

7 Números

 **1** Une los puntos.

dieciséis, doce, veintiuno, veintitrés, diecinueve, veintisiete, veintidós, veintinueve, veinticinco, quince, veinte, catorce, dieciocho, veinticuatro, once, veintiséis, diecisiete, veintiocho, trece, treinta, treinta y uno.

 **a** Colorea los números.

b Ordena los números del ejercicio **a** en letras.

catorce

treinta y uno

8 Los días de la semana

1 **a** Completa los nombres de los días.

_ _ RT _ S
_ UE _ _ S
_ _ É _ CO _ E _
V _ _ R _ E _
_ _ O _ NG _
SÁ _ _ D _
LUNES

b Ordena los nombres del ejercicio **a**.

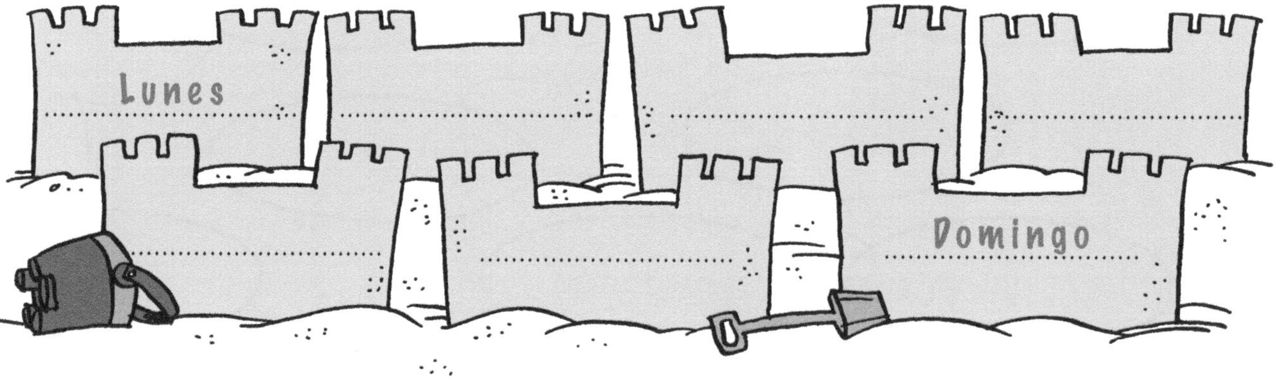

Lunes

Domingo

Los meses del año

2 a Completa y colorea los nombres de los meses.

9 ¿Qué día es hoy?

 **Escribe las fechas.**

20/01	veinte de enero	12/08	
03/04			
06/10		15/11	
08/07		30/05	

Mi cumpleaños

 **Completa.**

- Mi cumpleaños es el **quince de junio**.
- Mi cumpleaños es el veintidós de agosto.
- Mi cumpleaños es el ....
- Mi cumpleaños es el cuatro de septiembre.

- Mi cumpleaños es el ....
- Mi cumpleaños es el treinta y uno de marzo.
- Mi cumpleaños es el ....

Fiesta de cumpleaños 15/06

Fiesta de cumpleaños 22/08

Fiesta de cumpleaños ....

Fiesta de cumpleaños 22/04

Fiesta de cumpleaños 13/02

Fiesta de cumpleaños ....

Fiesta de cumpleaños 28/07

10 Mi familia

1 Colorea, une con una flecha y escribe.

ELABUELO LAABUELA LAMADRE ELHERMANOLAHERMANAELPADRELILA

- El abuelo de Alicia.
- .... de Alicia.
- .... de Alicia.
- .... de Alicia.
- .... de Alicia.
- .... de Alicia.
- ....

Alicia

2. Colorea y escribe.

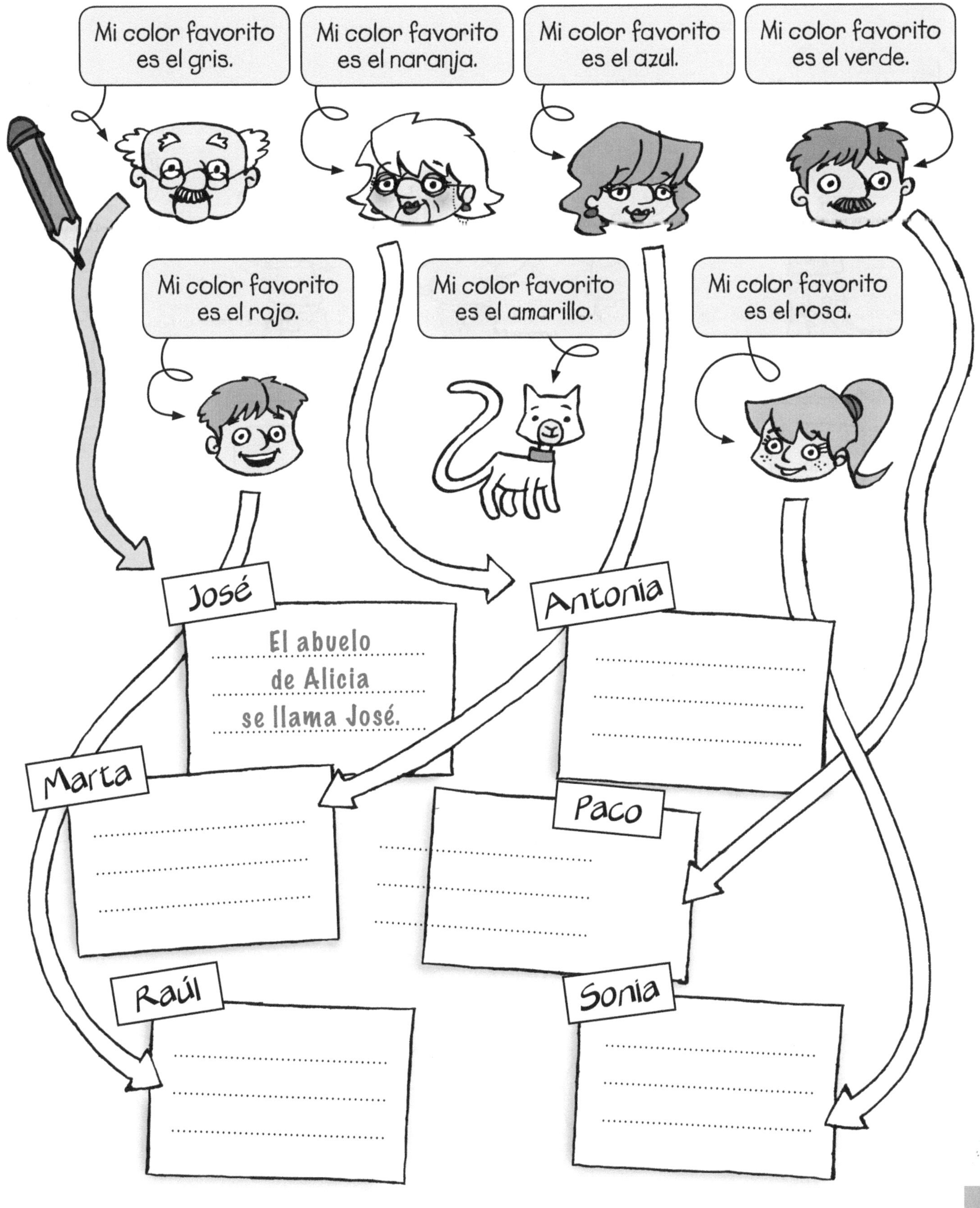

Mi color favorito es el gris.

Mi color favorito es el naranja.

Mi color favorito es el azul.

Mi color favorito es el verde.

Mi color favorito es el rojo.

Mi color favorito es el amarillo.

Mi color favorito es el rosa.

José
El abuelo de Alicia se llama José.

Antonia

Marta

Paco

Raúl

Sonia

11 ¿Cómo es?

1 Une con flechas y escribe.

| Pili | Carlos | Marta | José | Bea |

Es baja. Es alta. Es alto. Es bajo. Es alta.

Es rubio. Es morena. Es castaña. Es moreno. Es rubia.

Tiene el pelo corto y rizado. Tiene el pelo largo y ondulado. Tiene el pelo corto y liso. Tiene el pelo largo y rizado. Tiene el pelo largo y liso.

 **Dibuja.**

¡Hola! Me llamo Lucía. Soy morena.

Tengo el pelo corto.

Tengo el pelo largo.

Tengo el pelo rizado.

¡Hola amigos! Me llamo Alberto. Soy rubio.

Tengo el pelo ondulado.

Tengo el pelo rizado.

Tengo el pelo corto.

Tengo el pelo largo.

¡Hola! Me llamo María. Soy rubia.

¡Hola! Me llamo Emilio. Soy moreno.

Tengo el pelo liso.

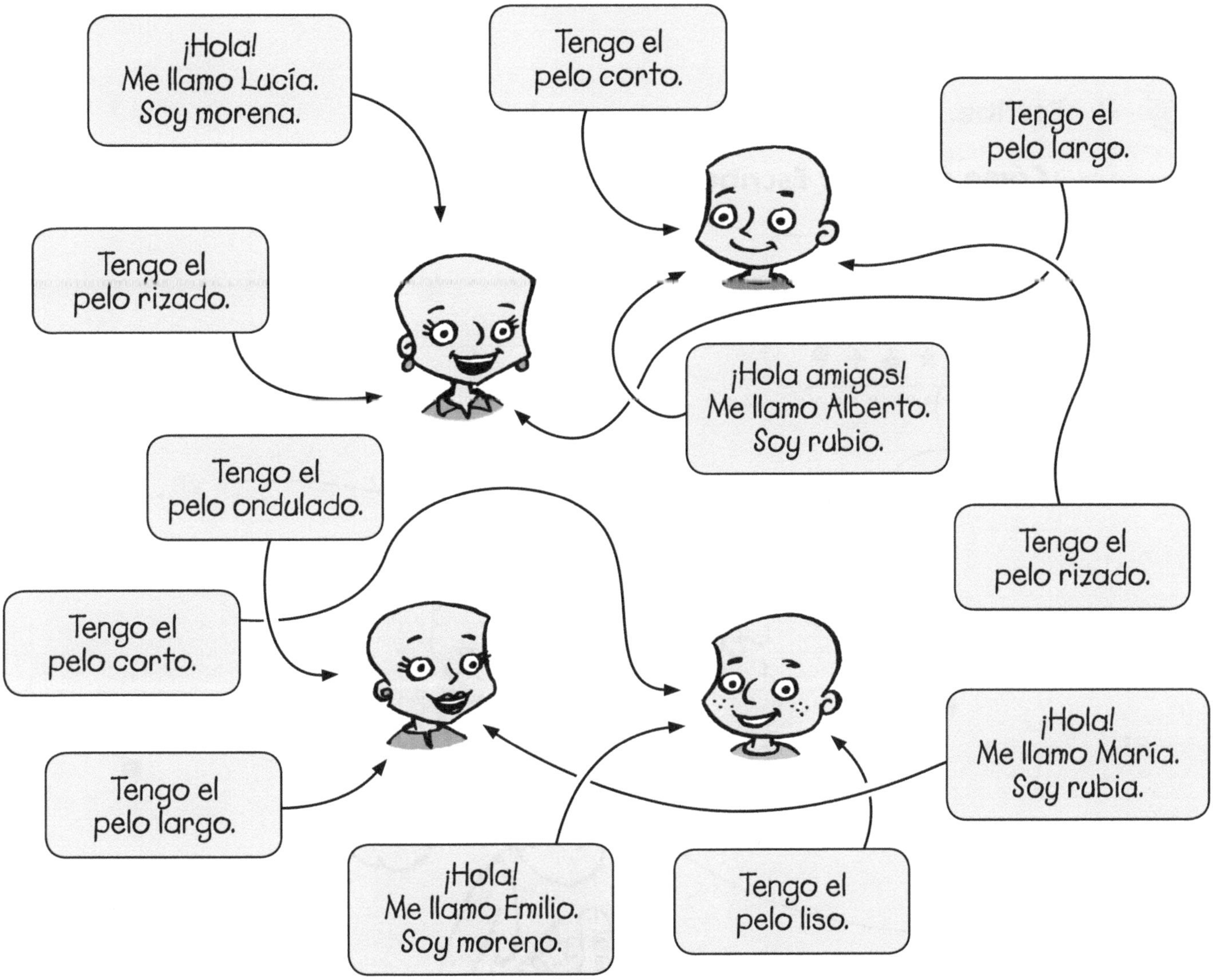

Pili — Es alta. Es morena. Tiene el pelo corto y liso.
Carlos
Marta
José
Bea

12 El cuerpo

1

a Escribe.

b ¿Cómo se llama? Escribe las letras.

Hola, me llamo
_ _ R _ _ _ _ _ .
◆ ● ■ ▲ ★ ♦ ✦ ♥

la _ _ _ _ _ _ _ _

el _ _ _
▲

la _ _ _ _ _ _ _
♦

la O R E J A
■

la _ _ _ _ _
◆

el _ _ _ _ _
●

la _ _ _ _ _
✦

la _ _ _ _ _ _
♥

el _ _ _ _
★

a ¿Quién es Pablo?

b Colorea las banderitas.

¡FELIZ CUMPLEAÑOS PABLO!

azul   rojo   verde   violeta   rosa   naranja   amarillo

Pablo tiene 4 brazos, 4 manos, 3 piernas, 6 pies, 1 oreja, 2 ojos, 1 nariz y 1 boca. Tiene el pelo largo.

 # Mi mascota

 **Ordena las letras. Dibuja.**

EL REPRO …… El perro ……

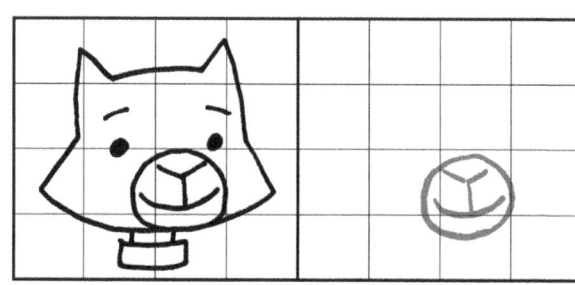

EL TAGO ……

EL NOJOCE ……

EL MTEHÁRS ……

EL INACRAO ……

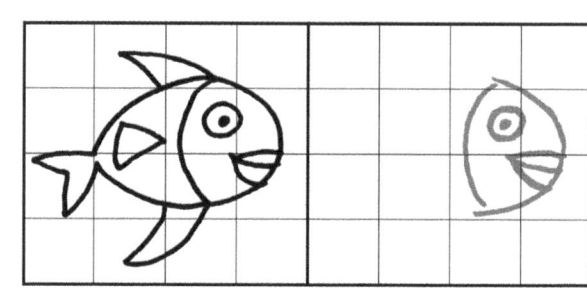

EL ZEP ……

LA NARA ……

LA TOGATRU ……

 **Cuenta los animales.**

Un ....**hámster**...., dos ...., tres ....,
cuatro ...., seis ...., siete ....,
ocho .... y diez ....

14 ¿Cómo es tu mascota?

1 a Escribe.

	1	2	3
A	Es	cariñoso.	juguetón.
B	cariñosa.	gris	y
C	pequeña	juguetona.	grande,
D	grande	y	blanco
E	negro	blanco	pequeño,

Copito A/1 ..Es.. C/3 ..grande,.. E/2 ..blanco.. D/2 ..y.. A/3 ..juguetón..

Lali   A/1 .... C/1 .... D/2 .... B/1 ....

Miki   A/1 .... E/3 .... B/2 .... B/3 .... A/3 ....

Bimbo   A/1 .... C/3 .... D/3 .... D/2 .... E/1 ....
        D/2 .... A/2 ....

Mimi   A/1 .... D/1 .... D/2 .... C/2 ....

b Escribe los nombres.

Copito

a **Escribe.**
b **Colorea.**

Tengo ....
Es ....
....

Tengo una tortuga
Es verde
y juguetona.

amarillo,

verde

y cariñoso.   verde

y juguetona.

Tengo ....
Es ....
....

Tengo ....
Es ....
....

grande   azul

y marrón.   y rojo.

Tengo ....
Es ....
....

pequeña   y violeta.

15 Mi animal favorito

1
a Rodea las palabras.
b Escribe.

Escribe el nombre de los animales.

Tengo ...un oso panda,......................
y ....

Tengo ....
y ....

Tengo ....
....
y ....

Tengo ....
....
y ....

16 Mi casa

 **Escribe.**

1. Me llamo Alicia y tengo — diez años.
2. Tengo un — gato blanco.
3. Vivo en una casa con mi abuelo, mi padre, mi madre — y mi hermana.
4. Mi hermana se llama — Julia y tiene un perro blanco.
5. Mi casa es grande y — tiene un jardín.
6. Mi habitación es — es grande.
7. La habitación de mi hermana — pequeña.

1 Hola me llamo Alicia y tengo diez años. 2 Tengo un

2 **Separa las palabras. Escribe los nombres.**

La casa de Alicia

lacocinaelcomedorelsalónelcuartodebañoeljardínmihabitaciónlahabitacióndemihermana
la habitación de mi abuelo
la habitación de mis padres
el jardín

 # 17 Mi habitación

1
a Escribe los nombres.
b Colorea.

el armario
verde

roja

marrón

blanca

18 ¿Dónde están las pelotas?

 **Escribe las letras.**

La mochila está	c
El perro está	
El libro está	
El gato está	
El walkman está	
El estuche está	
La regla está	
La mochila está	

a debajo de la silla.
b sobre la cama.
c detrás de la puerta.
d en la papelera.
e delante del libro.
f al lado de la papelera.
g sobre la mesa.
h debajo del libro.

a Escribe el texto.

Hola. Me llamo Patricia y vivo en Madrid con mi padre, mi madre y mi hermano. Tengo ocho años. Mi cumpleaños es el catorce de septiembre. Soy alta. Soy morena y tengo el pelo largo y rizado. Mi color favorito es el amarillo. Tengo una tortuga, se llama Mimita. Mis animales favoritos son el león, el tigre, el koala, el oso panda, el gato y la jirafa.

Hola. Me llamo Patricia y vivo en

b Dibuja las flechas.

Mimita está en la papelera. El león está sobre la cama. El tigre está debajo de la silla. El koala está detrás de la puerta. El oso panda está delante de la mesilla. El gato está al lado de la papelera. La jirafa está sobre el estante.

Mi diccionario

Páginas: 55, 57, 59, 61 y 63

Lección 0

el alfabeto ....
la canción ....
la letra ....

el tobogán ....

Canta. ....

Escucha. ....
Pega. ....

Recorta. ....

Lección 1

el papel ....

las tijeras ....

los lápices de colores ....
Adiós. ....
¿Cómo te llamas? ....

Escribe. ....
Hola. ....

Lee. ....

Lección 2

los números ....

uno ....

[ ]

dos ....

tres ....

cuatro ....

[ ]

cinco ....

seis ....

siete ....

[ ]

ocho ....

nueve ....

[ ]

diez ....

¿Cuántos años tienes? ....

Lucas tiene nueve años. ....

Lección 3

¿Dónde vives? ....

Elena vive en Valencia. ....

[ ]

Pega. ....

Lección 4

[ ]

la clase ....

[ ]

el colegio ....

[ ]

la maestra
el maestro ....

[ ]

la mesa ....

[ ]

la papelera ....

el patio ....

la pizarra ....

la puerta ....

la silla ....

la ventana ....

Lección 5

el boli ....

el cuaderno ....

el estuche ....

la goma ....

el lápiz ....

el libro ....

la mochila ....

la regla ....

el sacapuntas ....

Lección 6

Los colores (Colorea.)

amarillo ....

azul ....

blanco ....

gris ....

marrón ....

naranja ....

negro ....

rojo ....

rosa ....

verde ....

violeta ....

¿Cuál es tu color favorito? ....

Lección 7

once ....
doce ....
trece ....

catorce ....
quince ....

dieciséis ....
diecisiete ....
dieciocho ....
diecinueve ....
veinte ....

veintiuno ....
veintidós ....
veintitrés ....

veinticuatro ....
veinticinco ....
veintiséis ....

veintisiete ....

veintiocho ....
veintinueve ....

treinta ....
treinta y uno ....
Cuenta. ....

Lección 8

Los días de la semana

lunes ....
martes ....
miércoles ....
jueves ....
viernes ....
sábado ....
domingo ....

Los meses del año

enero ....
febrero ....
marzo ....
abril ....
mayo ....
junio ....
julio ....
agosto ....
septiembre ....
octubre ....
noviembre ....
diciembre ....

Lección 9

la fecha ....
la foto ....
¿Qué día es hoy? ....
Hoy es lunes. ....
Es mi cumpleaños. ....
¿Cuándo es tu cumpleaños? ....

Lección 10

mi familia ....

la abuela ....

el abuelo ....

la madre ....

el padre ....

la hermana ....

el hermano ....
¿Cómo se ....
llama tu padre? ....

Lección 11

Colorea.

Es castaña. ....

Es castaño. ....

Es rubio. ....

Es rubia. ....

Es moreno. ....

Es morena. ....
Tiene el ....
pelo corto.
Tiene el ....
pelo largo.

Tiene el ....
pelo liso.
Tiene el pelo ....
ondulado.
Tiene el ....
pelo rizado.
Es alta. ....
Es alto. ....
Es baja. ....
Es bajo. ....

Lección 12

El extraterrestre ....

el cuerpo ....

la boca ....

el brazo ....

la cabeza ....

la mano ....

la nariz ....

el ojo ....

la oreja ....

el pelo ....

el pie ....

la pierna ....

Lección 13

el animal ....
mi mascota ....

el canario ....

el conejo ....

el gato ....

el hámster ....

el perro ....

el pez ....

la rana ....

la tortuga ....

¿Tienes una ....
mascota?

Lección 14

¿Cómo es ....
tu mascota? ....
La rana ....
es pequeña. ....
La rana ....
es juguetona. ....
La tortuga ....
es cariñosa. ....
La tortura ....
es grande. ....
El gato ....
es pequeño. ....
El pez ....
es juguetón. ....
El perro ....
es cariñoso. ....
El hámster ....
es grande. ....

Lección 15

el caballo ....

el delfín ....

el elefante ....

la jirafa ....

el koala ....

el león ....

el mono ....

el oso panda ....

la pantera ....

el tigre ....
¿Cuál es tu ....
animal favorito? ....

Lección 16

la casa ....

el piso ....

la cocina ....

el comedor ....

el cuarto de baño ....

la habitación ....

el jardín ....

el salón ....

el pastel de chocolate ....

Lección 17

la alfombra ....

el armario ....

la cama ....

el estante ....

la mesa ....

la mesilla ....

la silla ....

la ventana ....
¿Cómo es ....
tu habitación?

Lección 18

la cometa ....

la muñeca ....

la pelota ....

el videojuego ....

el walkman ....

debajo de ....
la mochila

sobre la mochila ....

en la mochila ....

detrás de ....
la mochila

delante de ....
la mochila

al lado de ....
la mochila

Recortables

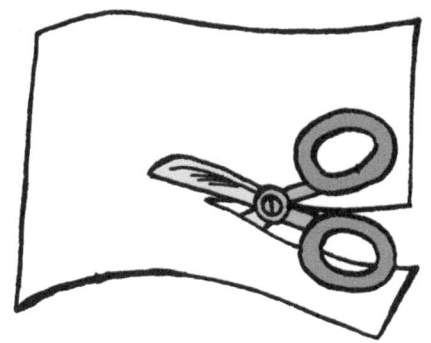

Lección 0

Lección 1

Lección 2

Lección 3

Lección 4

Lección 5

Lección 7

Lección 10

Lección 12

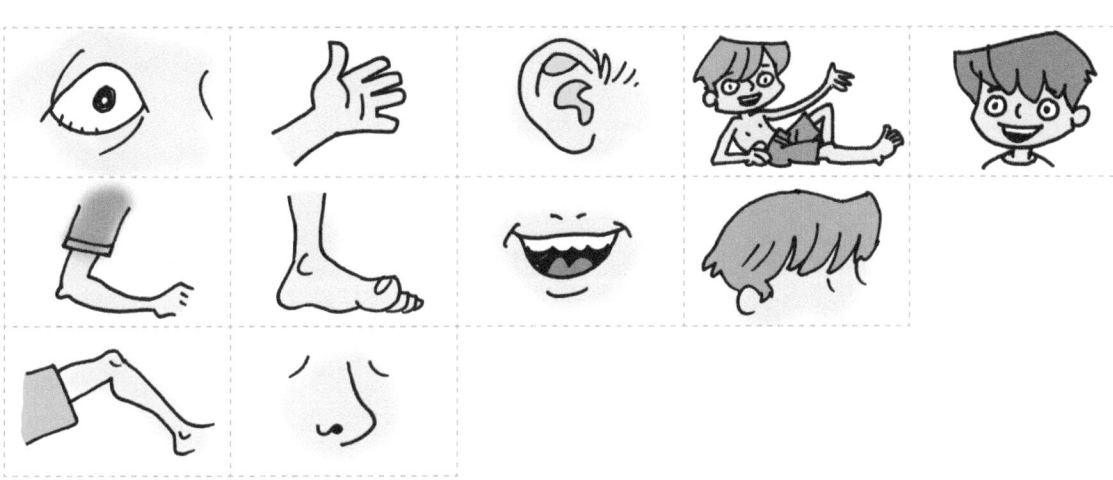

Lección 13

Lección 15

Lección 16

Lección 17

Lección 18